AF196907

Das Werk, einschließlich seiner Teile, ist urheberrechtlich geschützt. Jede Verwertung ist ohne Zustimmung des Verlages und des Autors unzulässig. Das gilt insbesondere für elektronische oder sonstige Vervielfältigung sowie für Übersetzung, Verbreitung und für die öffentliche Zugänglichmachung.

ISBN 978-3-347-25327-8 Paperback
ISBN 978-3-347-25328-5 Hardcover
ISBN 978-3-347-25329-2 e-Book

Druck und Verlag:
tredition GmbH, Hamburg,
Halenreie 40-44, 22359 Hamburg
2021

Rolf Dieter Kaufmann

Der kleine Kreis unerschütterlich gottloser Humanisten

Satire

Dieses gutartige Spottwerk möge kreuz und quer durch die Köpfe philosophisch aufmüpfiger Denker aus humanistisch geprägten Kreisen schwirren. Schulen und Denkrichtungen werden nicht eigens benannt. Es wäre zu einfach, nur Aha-Erlebnisse anzuhäufen.

Der kleine Kreis unerschütterlich gottloser Humanisten

Satire

I.
(001)
Ällas hodd sei Sach (Alles hat seine Eigenheiten).

Kapitel 1

(002)

Rodolfo Diritto:

In den türkisfarbenen Mantel gehüllt

(003)

Weißt du noch. Der große, weiße
Fels auf den Hügeln. Leise!
In der Nacht. Es roch nach Gras und Wein,
nach Flieder und Moos am Stein.

(004)

Siehst du wieder das steinige, breite
Flussbett von Vignola. Die Weite
des Sternenhimmels über dem Land?
Wir tanzten barfuß im Schwemmsand.

(005)

Fühlst du es, das rauchige, raue
Heu in Palottis Schober. Aschgraue
Trinker torkelten zum Lichterfest.
Die Grillen zirpten hinter dem Mauerrest.

Kapitel 2

(006)

Professor Dr. Hans Denkmanns einleitende Worte:

(007)

Zunächst war es Neugierde, die mich, eingehüllt in Schleier dichten Nebels, in das im Apennin gelegene, kleine Dörfchen `Fröhlichkeit´ (*Villaggio della felicità*) und dort in das von Signore Amorevole betriebene `Cafè zum kleinen Raum´ (*Caffè nella camera piccola*) führte. Auch der kalte Wintertag könnte dazu beigetragen haben.

(008)

Obwohl die Titelei `Offener Treff unerschütterlich gottloser Humanisten´ an der Türe zum Café keinen Eindruck auf mich machte, betrat ich die unteren Räume des Lokals.

(009)

Gottlosigkeit ist der durch keine ethische und gesellschaftliche Institution geschützte Versuch eines Menschen, Art und Weise seines Denkens und seiner Lebensführung weder auf Gott-Erfülltheit, noch auf moralisch begründete religiöse Ordnung in hierarchisch gegliederten Strukturen aufzubauen.

(010)

Ich weiß wohl: Gottlosigkeit steht in strengem Gegensatz zu sonst üblichen Seins-Ebenen, auf denen wir gewöhnlich aufeinander zustreben und voneinander lassen.

(011)

Natürlich weiß fast jeder Mensch, dass die vermeintlich gottgefällige Seins-Ebene nicht nur Inhaltsebene, sondern auch Beziehungsebene, die tägliche Praxis des Gebens und Nehmens, der Virtualität, der Rituale und der Kommunikation ist.

(012)

Unser wesentliches Transportmittel hierbei ist die Sprache.

(013)

Für Madame Juliette LaRue, Paris, Frankreich. Wiederbelebung des Wörtchens. *Réanimation du petit mot.*

Kapitel 3

(014)

Monsieur Enzo Compatisant:

(015)
Ich bin mir dessen bewusst: Zu einer Freundschaft gehört die Tradition behutsamen Sprechens. Man möge mir vorweg zugutehalten, dass ich Ausländer bin und der deutschen Sprache nicht so mächtig, wie etwa meine verstorbene, französische Großmutter Marie Floros es war und mein griechischer Großvater Filippo Floros es ist.

(016)
Über Maries Erleben der französischsprachigen Literatur, wie zum Beispiel ˋRückgriff eines Anonymus in die Kindheitˊ von Marcel Proust (*À la recherche du temps perdue*) und über Gedichte von Charles Baudelaire (*Les Fleurs du Mal*), erweckte meine geliebte Großmutter Marie in mir sprachlich gestaltete Landschaften und Augenblicke der Fiktion, die Wirkliches mit Unwirklichem vereinten.

(017)
Die Funktion der Sprache dient dazu, uns ein beruhigendes Gefühl für soziale Irrtümer zu geben.

(018)

Des Mangels Eingebung hat uns tausend Lügen und das Bestreben gelehrt, in Winkelzügen Netze zu weben.

Kapitel 4

(019)

Madame Luise Compatisant:

(020)

Ist unsere Sprache die Verflüssigung von Erfahrungen im Widerschein der Empfindungen für etwas, für jemanden oder von sich selber? In kleinen Wörtern (*Petit mot*, wie Großmutter Marie Floros sagen würde) verwirklichen sich Beziehungsinhalte.

(021)

Wörtchen stehen synonym für Zartheit, Neugierde und Aufmerksamkeit, auch für Mut, Herzenswärme, Lebensfreude und Wirklichkeitsnähe.

(022)

Antonym steht das große Wort. Es steht für groben Umgang, für Mangel an Interesse, für fehlendes Einfühlungsvermögen, für Kälte.

(023)

Kapitel 5

(024)

Monsieur Enzo Compatisant:

(025)

So glaubte Großmutter Marie Floros, wenn sie, in Erinnerungen verstrickt, Anleihen aus ihrer Vergangenheit nahm oder verabreichte. Das tat sie in ihrer herzlichen, poetischen Art.

(026)

Am lichten Tor, am Anfang des Pfades, von der Nacht in den Tag, am Portal zur Lyrik, meinend, das Erfreuliche sei wie das Schreckliche schön, bis das Herz aufhöre, zu schlagen, damit nichts mehr schön und schrecklich sei und überhaupt nichts mehr sei.

Kapitel 6

(027)

Madame Luise Compatisant:

(028)

Ist Sprache Vorwand für einen utopischen Ort von nicht enden wollendem `Aufeinander zu´ und `Voneinander weg´ der Begegnungen?

(029)

Sprache sei die verweiblichte Personifikation von Verwirrung, sagt ein arabisches Sprichwort.
(030)
Verwirrung?   Gerüche, Geschmäcker, Klänge, die Gemeinplätze verblassen lassen, vermengen sich mit Gesagtem und Gehörtem.

Kapitel 7

(031)

Rodolfo Diritto:

(032)

Sprachlos, treulos, haltlos

(033)

Du wirkst verloren auf mich,
geschlüpft in Gefühlslöcher, Gassen.
Winkeln, sich krümmend um dich,
schenkst du den Schoß, um zu passen.

(034)

Du suchst den Blick nach `Gibwarm´.
Flüchtend zum Ofen `Mannlebt´,
hältst du Heißluft im Arm.
Was dir Halt gäbe, verklebt.

(035)

Du bist mein löschendes Nass,
gierig von anderen erspäht?

Sie haben in dir ihren Spaß.
`Dugabst´ macht sie aufgebläht.

Kapitel 8

(036)

Großmutter Marie hat gelehrt:

(037)

Die Wiederbelebung eines Wörtchens (*petit mot*) in Beziehungen ist eine Enthüllung von Gelegenheiten, ist Befriedigung für Leib, Herz und Verstand, aber auch Zugang zu innerer Leere und Verzweiflung.

(038)

Zum Ersten ersann der Schöpfer aller Sprachen in jeder Sprache den Eros, das starke Begehren oder Verlangen, das den Menschen wie eine übermenschliche Macht zu ergreifen scheint und daher mythisch auf die Einwirkung der Gottheit EROS zurückgeführt wird.

(039)

Wenn Frau und Mann zusammen die Keime der Liebe mischen, formt die Kraft, die diese Einheit in den Adern aus verschiedenem Blut bildet, wohlgebaute Körper - wenn sie die Mischung bewahren.

Kapitel 9
(040)
Rodolfo Diritto:
(041)
Selma
(042)
Im Augenblick
(043)
Mit dir saß ich im Mondlicht.
Wir saßen weit ab von einander,
sagten nichts zu einander,
auch von Glauben nichts.
(044)
Mit dir schritt ich im Mondlicht.
Wir schritten weit ab von einander,
sagten nichts zu einander,
auch von Hoffnung nichts.
(045)
Mit dir lag ich im Mondschein.
Wir lagen weit ab von einander,
sagten nichts zu einander,
auch von Liebe nichts.
(046)
Mit dir schlief ich im Mondlicht.

Wir schliefen ganz eng bei einander,
sagten nichts zu einander,
auch von Treue nichts.

Kapitel 10

(047)

Prof. Dr. Hans Denkmann:

(048)

Eros ist Gewürz und Allheilpflanze für und gegen alles. Eros ist der geheime Ort aller Wünsche und Hoffnungen, aller begehrenden Liebe, aller hingebenden Liebe, aller freundschaftlichen Liebe, aller anteilnehmenden Liebe.

Kapitel 11

(049)

Rodolfo Diritto:

(050)

Flecken des Harlekins

(051)

Deine Augen, deine blauen Augen.
Aus ihnen sickert in Sekunden
Hoffnung in die Brust, gefunden,
tastend, zart, von meinen Augen.

(052)

Deine Hand, deine blaue Hand,

zum Abschied scheinbar flüchtig angehoben,
hat mit blauen Netzen mich umwoben.
Ein Spinnennetz hält meine Hand.
(053)
`Ich will dir gut sein´. Lasst euch Eros nicht schmutzig machen. Eros ist das Fest der Sinne und deshalb von niemandem zu reglementieren.
(054)
In meinen Flügeln ruht die alte Frau.
Aus ihren Augen, die sich sanft ergeben,
entströmt ein junger Geist, wie Morgentau.
Amphore, mit Geheimnis angefüllt und Leben.
Kapitel 12
(055)
Monsieur Filippo Floros:
(056)
Menschlicher Geist bedarf der Sprache. Doch wird Sprache auf Dauer niemals den Menschen beherrschen.
(057)
Menschlicher Geist wird siegen.
(058)

Für Hussein in Tulkarm, im palästinensischen Autonomiegebiet. *Immer wieder tun, was eigentlich nicht geht.*

Kapitel 13

(059)

Prof. Dr. Hans Denkmann referiert:

(060)

Der Despot:

Despotie ist eine Staatsform, die häufig als demokratische Staatsform ausgewiesen und von despotisch Herrschenden mit der Notwendigkeit der Förderung des Gemeinwohls begründet und repräsentiert wird.

(061)

Das Staatsoberhaupt, der Despot, übt uneingeschränkte Macht aus, indem er vorgibt, zwangsweise sein Volk beglücken zu müssen und das Recht auf Teilhabe aller bei allem, was ist, sichern zu wollen.

(062)

Der Despot festigt seine Macht durch systematisch betriebene Falsch-Information für die Massen und durch Lüge, alle außerhalb seiner Macht stehenden anderen Mächtigen seien für das Elend in seinen Grenzen in böser Absicht verantwortlich. In diesem Milieu entwickeln sich Massenmörder. Der Despot betreibt die systematische Vernichtung seiner Feinde. Er führt Kriege, um seine Macht zu erhalten. Koste es, was es wolle.

(063)

Beispiel: Der Despot Trujillo wuchs in ärmlichen Verhältnissen in San Cristòbal auf. Ab seinem neunzehnten Lebensjahr begann er eine Laufbahn als Kleinkrimineller. Er raubte Vieh. Er fälschte Schecks und entwendete Geldbeträge. Später führte er eine Bande unter dem Namen `La 44´ an, die wegen ihrer Gewalttätigkeiten überall Furcht und Schrecken verbreitete. Trujillos große Stunde kam mit der US-amerikanischen Okkupation des Landes (1916 – 1924). Er trat in die neu geschaffene Nationalgarde ein, in der er eine Offizierskarriere einschlug und im Jahr 1924 bereits den Rang eines Majors bekleidete. 1927 verließ Trujillo die Guardia Nacional und trat in die Brigarda Nacional über. Innerhalb von wenigen Jahren wurde er General. Im März 1930 putschte Trujillo gegen

Präsident Horacio Vásquez mit massiver Unterstützung amerikanischer Truppen. Neuer Präsident wurde Rafael Estrella Urena. Wenige Monate nach dessen Machtübernahme, im August 1930, entmachtete Trujillo diesen und ließ sich selbst zum Präsidenten ausrufen. Jetzt mächtig wie nie zuvor, setzte Trujillo alles daran, die Macht zu halten. Er gründete eine Partei, die Partido Dominicano. Er verbot sämtliche anderen politischen Gruppierungen. Er unterdrückte alle demokratischen Bestrebungen. Er unterband jedwede Opposition und freie Meinungsäußerung. Er ließ alle vermeintlichen und tatsächlichen Gegner mit brutaler Härte umbringen. 1932 legte sich Trujillo den Titel `Wohltäter des Landes´ (Benefactor de la Patria) und den Titel `Vater des neuen Vaterlandes´ (Padre de Patria Nueva) zu. Im Jahr 1937 ließ Trujillo 27000 schwarze Zuckerrohrarbeiter aus Haiti ermorden. Das Schicksal dieses Volkes sei bedauerlich, aber es sei Gottes Wille. Trujillo pflegte bis fast zum Ende seiner Herrschaft enge und gute Beziehungen zu den Vereinigten Staaten von Amerika und zur katholischen Kirche. Im Jahr 1954 wurde er von Papst Pius XII im Vatikan feierlich empfangen. Er unterzeichnete das Konkordat zwischen dem Heiligen Stuhl und der Dominikanischen Republik.

(064)

Der Diktator:

(065)

Diktatur ist eine Staatsform, in der einzelne Personen, auf welchem Weg auch immer, zum Führer bzw. Alleinherrscher erhoben werden, möglicherweise über das Militär, über Machtmittel Geld, mittels Ideologien oder infolge religiöser Herrschaftsansprüche.

(066)

Der Diktator, ein Gewaltherrscher, ist jemand, der für die Menschen seiner Wahl alle Türen von innen – und wenn möglich – von außen verschließt, einschließlich der Toilettentüren (Ort der Verschwörung) und niemanden unkontrolliert, wenn überhaupt, hinein oder hinaus lässt.

(067)

Der Diktator handelt willkürlich. Er spricht bösartig, mit Pathos und Engelszunge, beschimpft andere Mächte. Er wäre gerne der Übervater aller Menschen. Falls von ihm für erforderlich gehalten, karrt er Tausende Menschen zu seiner Bejubelung zu sich. Er kann es sich leisten, ein Todesurteil auszusprechen, schon bevor ein ordentliches Gericht im Prozess zu einem Urteil kommt.

(068)

Jean-Claude Duvalier, auch `Baby Doc´ genannt, war ein Diktator. In Haiti ist die römisch-katholische Kirche Staatskirche. Haiti hatte fast immer in seiner Geschichte unter Gewaltherrschern sowie Kleptokraten zu leiden. Der Staats-Katholizismus begünstigte und festigte diese Entwicklungen.

(069)

1964 setzte sich der Landarzt Duvalier (Papa Doc) zum Diktator ein. Er wurde durch seine gefürchteten Schlägertrupps landesweit bekannt. Papa Docs Machtergreifung war von den USA erwünscht und gefördert.

(070)

Das evangelikale Netzwerk `The Family´, half, zusammen mit Mitgliedern des `US-Senate Commitee of Foreign Relation´, die Machtergreifung

Duvaliers zu verwirklichen. `The Family´ betrachtete fortan Duvaliers Regierung als Realisierung ihres Wunschtraumes einer autoritären und von Gott geführten Nation.

(071)

Duvaliers Sohn Jean-Claude Duvalier, genannt `Baby Doc´, folgte seinem Vater im Alter von 19 Jahren in die Regierung. Er entwickelte sich im Schutz der USA und der Katholischen Kirche als großer Diktator und Kleptokrat. Er lebte fortan im Jet Set und in unbegrenztem Luxus, während das Volk hungerte.

(072)

Der Kleptokrat:

Kleptokratie gilt als Herrschaftsform, in der die Herrschenden, teils willkürlich, in der Regel durch Gesetze und Verordnungen legitimiert, Verfügungsgewalt über alles Eigentum, über Besitz und Einkünfte der breiten Masse des Volkes haben. Die politisch, finanzpolitisch, sozial, wirtschaftlich oder rechtlich `einflussreichen´ Kleptokraten schaffen fortwährend Gesetze und Verordnungen nach ihrem Bedarf, angeblich, um Rechtssicherheit für ein Volk herbeizuführen; in Wirklichkeit jedoch, weil es für diese nichts unter der Sonne gibt, was ihnen nicht gehören könnte oder sollte.

(073)

Der Kleptokrat bedient sich stehlender Gesetze und Verordnungen.

(074)

Soziale und Rechtssicherheit werden nur insoweit garantiert, als diese denjenigen nachhaltig begünstigen, der kraft seines Amtes sich unbegrenzt bereichern kann. Der tägliche Diebstahl ist die Regel, woraus zu schließen ist, dass die Welt nach Auffassung des Kleptokraten den Dieben und Räubern gehört. Der Staat legitimiert Diebstahl, Diebesgut und Raubgut. Er hilft indirekt, Raubzüge zu organisieren und zum Erfolg zu führen.

(075)

Der Kommunist:

Kommunismus ist eine Herrschaftsform, deren offizielles politisches Ziel eine klassenlose Gesellschaft ist und in der das private Eigentum an Produktionsmitteln nicht einschlägig ist - oder gar nicht mehr existiert.

(076)

Der Kommunismus endet meistens im Vakuum entartender Kastengesellschaften. Ohne einen wirklichen oder erfundenen Feind kann sich Kommunismus bei den Menschen nicht halten.

(077)

Der Plutokrat:

Plutokratie ist die Herrschaft über Menschen durch angehäuftes Vermögen, oft als demokratische Herrschaftsform ausgegeben, da die Mächtigen die Machtverhältnisse, die verfassungsmäßige Ordnung, so für sich verpacken, dass sie für andere nicht durchschaubar bzw. nicht nachvollziehbar sind.

(078)

Plutokraten geben sich mit dem kleinen Glück angeblich freier Bürger nicht zufrieden. Sie ignorieren alle Grenzen. Der Plutokrat will die zwangsweise Beglückung der ganzen Welt, weil er in dieser Art Verständnis von Demokratie und Freiheit (Synonym: Besitz und Eigentum) die alles erfüllende und edle Lebensart sieht.

(079)

Die Zwangsbeglückung der Welt setzt der Pluto-
krat, wenn nicht anders möglich oder erforder-
lich, mit Kriegshandlungen durch und dann ideo-
logisch oder moralisch oder religiös begründet.
(080)

Der Theokrat:
Theokratie gibt es in der westlichen Hemisphäre
nicht mehr wirklich. Sie ist eine Herrschafts-
form, in der alle Staatsgewalt alleine durch
`religio´, durch Rückbindung an unterschiedlich
kulturelle Phänomene von Glauben (Mythen)
und durch die Welt von Gottheiten legitimiert
ist.
(081)

Wenig beachtet ist in diesem Zusammenhang
der `Staat im Staate´, die Herrschaft sakraler
Institutionen, aufbereitet in Garantien und Son-
derrechten auf der Grundlage von Privilegien,
Prinzipien oder Konkordaten.
(082)

Die `Wahrheit´ aus religiösem Glauben soll nur
denen zu Teil werden, die das Recht haben,
einer kirchlichen Institution anzugehören.
(083)

Theokratie schließt alle Nichtgläubigen bzw. Nichtzugehörigen von dieser Art Wahrheit aus. da kein anderer – nicht Zugehöriger - sicher sein darf, die Wahrheit zu besitzen. Demokratie und Kirche vertragen sich nicht wirklich.

(084)

Allen Feinden Gottes und jenen, die verweigern, was die Kirche lehrt und denjenigen, die andere vom Glauben abhalten wollen, gilt die theokratische Kriegsführung. Es gibt viele Theokratien und Beinahe-Theokratien in der Welt.

(085)

Im System der autoritären Diktatur des Francisco Franco in Spanien von 1936 bis 1977 herrschte der `Franquismo´. Das nur beinahe theokratische System konnte sich mit Duldung und Zuspruch der katholischen Kirche gut halten. Die Herrschaft über das Volk war ausschließlich durch die Person des Francisco Franco garantiert. Francisco Franco verstand es, sich eine fast uneingeschränkte Macht in Anlehnung an die katholische Kirche bis zu seinem Tode zu sichern. Er steuerte unter anderem seine Macht dadurch genial, dass er alle wichtigen Staats-

ämter auf der Basis persönlicher Vertrauens-
beziehungen mit moralischem Inhalt besetzte.
Zudem hielt er diejenigen Institutionen, denen
er Machtbefugnisse übertragen hatte, auf siche-
rem Kurs. Diese waren a) die Staats-Partei Mo-
viemento Nacional, b) die katholische Kirche, c)
das Militär.

(086)
Franco verstand sich als Verteidiger der vom
Katholizismus geprägten spanischen Kultur und
darüber hinaus als der Wahrer westeuropäi-
scher Zivilisation. Da der Katholizismus von ihm
als Werte leitende und wahre Quelle spanischer
und westeuropäischer Lebensart betrachtet
wurde, kam es zu einer engen Kooperation von
Kirche und Staat im Rahmen des so genannten
Nationalkatholizismus.

(087)
Der Tyrann:
Tyrannei ist eine allumfassende, menschliche
Einstellung und Verhaltensweise, am Leben ge-
halten durch a) fehlende Toleranz gegenüber
Andersdenkenden, b) durch Ausgrenzung von
Menschen, c) durch Sadismus, der bis in die

Familien hineinwirkt und d) durch Gewalt gegen Frauen.

(088)

Tyrannei verbreitet sich in und durch Sprache, Denken, Handeln und Stigmatisierung. Sie wirkt und verbreitet sich ohne Legitimation. Wo Tyrannei waltet, ist keine Liebe.

Kapitel 14

(089)

Herr Filippo Floros` Meinung zur Tyrannei:

(090)

Ihr werdet nirgendwo entdecken, was dem Verständnis einer wahren Demokratie entspricht. Nur das Wort `Demokratie´ als Legitimation werdet ihr finden. In dem Maße, in dem Politiker am Untergang der westlichen Demokratien arbeiten (*Und das tun viele!*), in dem Maße fangen die Menschen in ihren Grenzen an, dem Leben eine neue Richtung und einen Sinn ausserhalb bestehender Machtverhältnisse zu geben.

(091)

Der Mensch muss, um zur Einsicht zu kommen, vor dem Nichts stehen, damit er erfährt, dass er in nichts sicher sei, außer in seinem Streben nach Würde.

(092)

Freunde, macht euch nichts vor: Nicht durch Herrschaftsformen und nicht durch Macht, nur durch die Liebe habt ihr ein vollständiges und erfülltes Leben. Ein Leben ohne Liebe läuft Gefahr – unabhängig von gesellschaftlichen Bedingungen und Machtformen - zu zerbrechen.

(093)

Menschlicher Geist siegt ohne Liebe gefühllos und sprachlos; egal wie reich oder arm, egal wie hoch oder niedrig angesehen ein Mensch ist, egal, in welchem Herrschaftssystem er wirkt.

(094)

Der Arbeiter.

(095)

Freunde und Ihr Menschen satter Bäuche, ihr niedrig Denkenden des sogenannten Kapitalismus und der Hegemonie, vergesst nicht: Ihn, den Arbeiter gibt es noch und wird es immer geben. Er arbeitet unter der Erde, auf der Erde und über der Erde. Auch wenn er von der Oberklasse oft als `Stinker´ und `Dummer´ abgetan, vermeintlich mit keinen höheren Fähigkeiten und Fertigkeiten ausgestattet und nicht selten als Meckerer und Nörgler beschimpft wird.

(096)

Ein Arbeiter ist derjenige, welcher in seiner fragilen Welt, in der nichts sicher zu sein scheint, Erfindungsreichtum praktiziert, um anderen das Leben erträglich zu machen, um zu überleben, um mit den verfänglichen Risiken anderer und mit den misslichen eigenen zu Recht zu kommen. Das zieht nach sich, dass er mit der leidigen Gefahr der Ausgrenzung leben muss. Ein Ende der Arbeitergesellschaft wird es nicht geben.

(097)

Für Frau Ginerva aus San Martino d´ Agri, Italien. Kontinuität und Wandel. *Continuità e cambiamento.*

Kapitel 15

(098)

Herr Peter Großzügig:

(099)

Im Jahr 2006 wurde in dem kleinen Ort Fentjedina, mit der Starthilfe einiger ehrgeiziger Atheisten und Agnostiker, `Der kleine Kreis unerschütterlich gottloser Humanisten´ ins Leben gerufen. Unter der milden Aufsicht des weltbürgerlich freien Prof. Dr. Hans Denkmann stiegen die unerschütterlich gottlosen Humanisten in Folge zu ungeahnter Blüte auf. Und das ohne Einflussnahme von Zivilgesellschaften und ohne die Zweckstiftung und Sinnstiftung kirchlicher Institutionen.

(100)

Fentjedina wurde das Zentrum kirchenkritischen und gesellschaftskritischen Nichtglaubens, Glaubens und Denkens sowie des Humanismus und in Folge der Ort der Bewegung für neues Denken, für neue Naturwissenschaften, für neue Philosophie und für die schönen Künste.

(101)

Die angeregten Dialoge führten in die aufregende Vielfalt der Gegenwart. Vielfalt ist dann gegeben, wenn Kontinuität mit Wandel nicht Schritt hält.

(102)

Für Herrn Erdmann und seiner Gattin Isolde
(Anlass ist deren Aufnahme in den kleinen Kreis
unerschütterlich gottloser Humanisten):
Kapitel 16
(103)
Rodolfo Diritto:
(104)
Bitte, nicht berühren
(105)
In der Öffnung zur Nacht, in Winterkälte,
zu Beginn eines Graupelschauers quälte
ich mich aus der Erde. In der Mitte
des Platzes. Du, schau´ mich an. Bitte
nicht berühren.
(106)
Ich bin rauchgeschwärzt in der Enge
der lodernden Feuer. In der Menge
der Gluthaufen verschmorte Sitte,
Opfergeist und Trödel Pflicht. Bitte
nicht berühren.
(107)
Für Herrn Aviel Pósemke aus Jerusalem. Krummes sich Erbarmen. *Krimer sich af éjgen derbármen* (Jidd.)

Kapitel 17

(108)

Herr Reinhard Sensibel:

(109)

Als allgemeiner, auf dem Schaum Allwissender und auf süßen Zungen wandelnder Sekretär der unerschütterlich gottlosen Humanisten, erlaube ich mir, in einer für die Nachwelt zu deren Erleuchtung aufzubewahrenden Lehrschrift die erfolgreichen Männer und Frauen in wahrer Verlässlichkeit zu charakterisieren:

(110)

Diese sind ... an vorderster Stelle Prof. Dr. Hans Denkmann und dessen Gattin Hilde.

(111)

Es versteht sich von selbst: Entgegen alt hergebrachter patriarchischer Hörigkeit und weit ab vom Verkehr gefügiger und autoritätsgläubiger, gotterfüllter Menschen, wage ich zu berichten:

(112)

In den Analen soll geschrieben stehen: Mit dem Mut derer, die in dieser immerfort seienden Welt nichts mehr zu verlieren haben, außer ihre

Würde, ihren Verstand und ihr krummes Sich-Erbarmen und unter dem Einfluss von Bildwerken namenloser Heiligenköpfe, erzähle ich a) von der Entstehung der Welt, b) von Göttern und Halbgöttern, c) von Wirkungen der Götter auf den Menschen.

(113)

Ich halte den Göttern vor, sie förderten nur, was menschlich verwerflich und deshalb menschlich unerwünscht und nur deshalb Halt gebend ist.

(114)

Darum sage ich euch in einem unzulänglich meine Gefühle wiedergebenden Satz:

(115)

Ich schmachte vor Haltlosigkeit! Ihr werdet mir vorwerfen, ich täte das in platter, geistloser, ekelhafter und widerlicher Frechheit.

(116)

Ich bemühe mich, die Schwestern und Brüder der unerschütterlich gottlosen Humanisten einzeln aufzuführen und deren geheime Wurzeln in a) Mythologie, b) Genealogie, c) Kosmologie zu ergründen.

Kapitel 18

(117)

Zum besseren Verständnis:

(118)

Mythologie:

Der Mythologe steht für einen von Ein-Gott-Religionen und ihren Führern wenig erwünschten, misstrauisch beäugten Menschentyp. Der Mythologe beschäftigt sich systematisch mit Mythen (*nicht beweisbaren Phänomenen*) und deren Darstellung in literarischer, wissenschaftlicher und religiöser Form.

(119)

Genealogie:

Der Genealoge beschäftigt sich mit der Abstammung des Menschen, mit Ursprung, Herkunft und Abstammungsbewertung.

(120)

Kosmologie.

Der Kosmologe beschäftigt sich mit der Schöpfungslehre, der Lehre von der Welt und von deren Ursprung, Entwicklung und grundlegender Struktur.

(121)

Alle drei Mustermenschen beschäftigen sich mit Hingabe sowie in dichterischer Anknüpfung an alles Seiende und Nicht-Seiende sowie mit dem Vergangenen, um der Nachwelt in eindringlich schönen Worten gebetsmühlenartig in rechte Sätze zu fügen, was vorher war und künftig sein wird.

(122)

Für Bauer Stipes aus Bayern. Wie steht es um Luctus, Sohn des Äthers, der Erde und der Trauer?

Kapitel 19

(123)

Frau Alina Warmherzig:

(124)

Zuvorderst sei mir erlaubt, exemplarisch, so wie er sich am besten befindet, den Vorsteher aller Freien der unerschütterlich gottlosen Humanisten, Prof. Dr. Hans Denkmann, ihn selbst zuerst, den unzählig lebenden Menschen vorzustellen.

(125)

Er hat Herrschaft über kein Ding in gleicher Weise, außer er ist alleine für sich. Er besitzt von allem in der Welt Kenntnis und die meiste Kraft.

So hat er über das, was existiert und über das, was es nicht gibt, Herrschaft, da er der Umkehrung dessen, was ist, dem Nichtseienden den Anfang gab. Er weiß von allem, was nicht existiert und von allem anderen Gleichartigen.

Kapitel 20

(126)

Prof. Dr. Hans Denkmann:

(127)

Wie ich einmal in einem dicken Buch gelesen habe, dass der Mensch das Erhabenste, Ursache und Maß aller Dinge sei, erfreute ich mich sehr an dieser Tatsache. Es erschien mir in gewisser Weise sehr wichtig, dass der Mensch die Ursache von allem sei. Und ich dachte, wenn sich das so verhielte, würde die Vernunft des Menschen alles in der Welt ordnen und zurechtrücken, so, wie es sich am besten zueinander verhielte.

(128)

Als aber ein anderer Mensch mir erklärte, dass der Atheist in der Natur und bei den Menschen die Ursache aller vernünftigen Ordnung sei, da erschien mir dieser Mensch wie ein Betrunkener gegenüber einem Nüchternen.

(129)

Derjenige, welcher diese Annahme, der Atheist sei die Ursache aller vernünftigen Ordnung, aufstellte, setzte die Tüchtigkeit als die Ursache des Seienden voraus, und zwar als solches Prinzip, von welchem für alle Dinge Bewegung ausgehe.

(130)

Für Signora Carla aus Tarancòn, Castilla-La-Mancha in Spanien. Es gibt nichts durchzustehen. *Nada por mantaner les queda a valor y posibilidad.*

Kapitel 21

(131)

Senor Francis Paciencia:

(132)

Nichts gibt es nicht. Das sage ich euch. Darüber solltet ihr im Klaren sein. Das zu wissen ist der erste Schritt des Suchens. Wir sind Sterbliche, Nichtwissende und ziellos Wandelnde, Kopflose. Ohnmacht bezwingt unsere Sinne.

(133)

Der Duldsame müßigt sich, die Vielfalt menschlichen Verhaltens im Kampf um Ernährung, Zuwendung und Liebe allgemein zu betrachten. Er hat neutrale Gefühle für das Leben aller Seienden sowie für den Charakter der Hochmütigen, der von Gott erfüllten Menschen, der in Sehnsucht erwachten Menschen und für alle die Stimme erhebenden Gottlosen.

Kapitel 22

(134)

Für Frau von Welt, *una Mujer de mundo*, Cleopatra Paciencia.

(135)

Rodolfo Diritto:

(136)

Ich find´, es will nicht mehr gehen.
Es gibt nichts mehr durchzustehen,
für Wert und Möglichkeit.
Vergangen ist die Zeit.
Ich habe Tage verloren.
Bliebe ich ungeschoren,
zu wessen Nutzen auch immer,
käme es nur noch schlimmer.
Man kehre um mein Verlangen.

Getrieben von kleinlichem Bangen,
kann ich die Lichtung nicht finden,
mich aus dem Trugschluss zu winden.
(137)
Für Abu Bakre, Syrien. *Trau´ dem Frieden nicht,
da es niemals Frieden geben wird.*
Kapitel 23
(138)
Frau Rebecca Mitfühlend:
(139)
Wahrlich, wahrlich, ich sage euch: Zuerst war
gähnende Leere. Dann kam Chaos. Dann kam
aus der schwarzen Nacht das Ego.
(140)
Ich bin die Gedanken- und Glieder-Löserin, die
Verständige, die Wollende, die Sinngebende.
Aus der Nacht kamen die Gestirne und der Tag.
Ich gebar den sicheren Weg, die beweispflich-
tige Behauptung, den verpflichtenden Nach-
weis, die reizvollen Aufenthalte in Experimen-
ten für die Erkenntnisse und das Wissen für
etwas und um jemanden. Ich gebar den Schwall
der tosenden Wörterfälle.
(141)

Meine Sprache sei die des Vatikans. Die Sprache entspricht der nachlässigen Hinterfragung: Eine Hinterfragung und Unterscheidung der Geister finden nicht statt.

(142)

Deshalb findet man beim Christen vermeintlich gesicherte Wege zum Heil und von diesen Wegen das Gegenteil. Und deshalb hat der Christ keine Probleme damit, gleichzeitig zwei Auffassungen zu verteidigen bzw. für widersinnige Auffassungen gleichzeitig zu plädieren.

(143)

Der christliche Mensch sei kein Vorbild für Muslime, sagen Muslime.

(144)

Der Gesang der Muslime von den Minaretten über den Häusern ist deutlich zu hören. Die muslimischen Frauen kleiden sich unauffällig, ihre Häupter verhüllend. Die jungen Frauen bekennen sich zu Kopftuch und Scharia. Religiöse Ansprachen, Widmungen, Handlungen gelten. Das Amulett-Wesen erhält Auftrieb.

(145)

Man bezeugt, dass es keinen Gott gibt, außer Allah – und dass der Prophet Mohammed sein Gesandter ist. Die Muslime beten wie vorgeschrieben. Sie zahlen ihre Pflichtsteuer, halten den Fastenmonat ein. Die Männer pilgern nach Medina und Mekka.

(146)

Für Signora Filipa da Santa Maria aus Marcas de Dona Maria, Portugal. Puppenspiel. *Teatro de Titeres*

Kapitel 24

(147)

Herr Benedikt Tugendsam:

(148)

Ich stehe für Psychomachie, für den allegorischen Kampf zwischen personifizierten Tugenden und Lastern, beschrieben vom lateinischen Dichter Prudentius (ca. 348 bis 406 n. Chr.) und häufig illustriert in mittelalterlicher Malerei und Skulptur.

(149)

Wegen überragender Erfolge auf dem Gebiet der nachhaltig illuminierten a) Psychomachie, b) der Simonie sowie c) der Erforschung der psychosomatischen Gräte geadelt, übe ich auf Christen unserer Zeit erheblichen Einfluss aus.

(150)

Ich stehe für Simonie (Nach Simon Magnus), für den Handel mit geistlichen Dingen wie Sakramenten, Segnungen, Ablässen, Reliquien, kirchlichen Würden und Ämtern.

(151)

Die Macht der Gewissheit des unendlich Seienden, die unser Schicksal gebunden hat und die enden werdende Lebensnotwendigkeit, die uns in Fesseln hält, werden nicht zulassen, dass unsere Tugenden unveränderlich, unsere Einsichten endgültig sind und unser Hoffen versiegt, geschweige, dass es künftig an Wundern mangelt.

(152)

Du, Mensch, musst erkennen und sagen, das Sein ist! Es muss sein, denn Nichtsein ist nicht. Ich warne dich vor dem Weg des Suchens. Hilflosigkeit treibt schwankenden Sinn in die Brust. Du wirst dahintreiben, taub und blind und vor den Kopf gestoßen. Denn eines kannst du nicht erzwingen: Dass das Nichtsein nicht sei.

(153)

Werden und Vergehen, Sein und Nichtsein sind für die Menschen wie ein Spaziergang, um a) Welten wie Orte zu wechseln, b) die Herstellung von Wissen zu geloben, c) Besonnenheit in Langsamkeit zu üben, d) Tapferkeit zu inszenieren, e) Weisheiten von sich zu geben.

(154)

Viele Menschen sind nicht so zu Gange, als würde ihnen an etwas mangeln. Mit sich selbst im Gleichklang, sind sie in ihren Grenzen harmonisch und in ihrer Welt eigenständige Planeten.

(155)

Für Cherub in Williamsburg, Wohnviertel Brooklyn, New York, USA. Das alltägliche Leben in der Welt. *Everyday life of the world.*

Kapitel 25

(156)

Frau Lidia Missfallen:

(157)

Ich bin zuständig a) für das Sakraltranszendente, für b) Spiritualität, c) für Parapsychologie, d) für Telepathie, e) für Telekinese, f) für Apport-Phänomenologie, g) für Präkognition, h) für Stigmatisierung.

(158)

Im Einzelnen:

(159)

Sakraltranszendentes soll in der Esoterik, in sakraler Musik, in Räumen mit religiösen Funktionen, in sakraler Sprache heilende Wirkung haben und sich auf wissenschaftlich fundiertes Denken und Handeln, ja selbst auf so genannte Massage-Behandlungen als Therapie wirksam sein.

(160)

Die Wirkung von Spiritualität auf den Geistmenschen, auf Geistigkeit, Vergeistigung sowie auf geistige Verbindung zum Transzendenten und insbesondere auf Geistliche in spezifisch religiösem Sinn, übersteigt die uns gewohnte und erlebbare Realität.

(161)

Parapsychologie ist ein fragwürdiges Bemühen, das Anspruch auf Wissenschaftlichkeit erhebt. Parapsychologie ist die Basis für die Untersuchungen angeblich außergewöhnlicher psychischer Fähigkeiten, die unseren normalen Verstand überschreiten und deshalb keine Erklärungsmöglichkeiten liefern können.

(162)

Präkognition bezeichnet die besondere Fähigkeit der Voraussage eines Ereignisses oder Sachverhaltes aus der Zukunft, ohne dass für die Voraussage Hinweise oder Anhaltspunkte zur Verfügung stehen.

(163)

Telepathie ist die Fähigkeit zur Übertragung von Informationen und möglicherweise sogar von Befindlichkeiten zwischen Menschen.

(164)

Telekinese bezeichnet die angeblichen Bewegungen oder Wanderbewegung von Gegenständen, die durch rein geistige Leistungen bzw. Einflussnahmen des Menschen hervorgerufen werden können.

(165)

Apport-Phänomenologie beschreibt das aus Religion und Spiritualität, aus der Welt des Übersinnlichen Heranbringen von Objekten und Gegenständen, ohne dass ein erkennbarer Kontakt zu diesen besteht.

(166)

Mit Stigmatisation wird das Auftreten von Wundmalen Christi am Körper eines Christenmenschen erklärt.

Kapitel 26

(167)

Herr Jack Cherub:

(168)

Ich höre! Für immer und ewig, beim Teufel. Cherub, mach´ etwas aus dir, du Pfeife. *Forever and ever, bim tajwl, mach eppis, du pfifer.*

(169)

Prof. Dr. Hans Denkmann:

(170)

Welche sind Missfallens-Menschen? So genannte Missfallens-Menschen sind die Nahrungsgeber für Interpretationen der von Parmenides von Elea in Hexametern verfassten `Lehrgedichte´ über die Alltagswahrnehmungen in der Welt als einer Scheinwelt.

(171)

Haben Menschen objektives Wissen? Oder lassen sie sich von Meinungen führen, deren Grundlagen und Quellen niemand kennt?

(172)

Der Missfallens-Mensch plagt sich mit Erscheinungen. Es muss seiner Auffassung nach ein Wesen geben, das alles belebt. Diese Wesenheit könnte das Wasser als oberstes Element sein, was erklären würde, a) warum die Erde zu 70 % auf dem Wasser ist und b) warum Wachstum und Nahrung aller Dinge und Lebewesen feucht sind, c) warum die Samen aller Dinge und Wesen feuchter Natur sind, d) warum das Wasser das erste Prinzip des Wesens aller Dinge ist, e) warum die notwendige Wärme für Leben selbst wieder aus dem Feuchten entsteht.

(173)

Für Monsignore Plutino in Rom, Italien. Niemand kann sich für einen anderen irgendetwas versprechen lassen. *Divono spititu afflatus. Alteri stipulari nemo potest.*

Kapitel 27

(174)

Frau Else Gotterfüllt:

(175)
An Gott zu glauben sei unnütz, da Glaube sich von Klugheit abgrenzt. So behauptet der Atheist.

(176)
Nichtglaube ist ungewöhnlich, erstaunlich und schwierig. Von Gott erfüllt sein ist nützlich, da es dem Gottgläubigen nicht um die menschlichen Güter zu tun ist. Der Atheist hebt das Unnütze gegen die Klugheit hervor. Der Gotterfüllte hebt das Nützliche hervor.

(177)
Der Atheist bekräftige bei jeder Gelegenheit wie folgt: Was für den Gotterfüllten das Wirken in Gottes Hand ist, ist für den Atheisten dialektisches Denken (Denken in und mit Gegensätzen, Widersprüchen: siehe Philosophiedidaktik, Entwicklung menschlichen Denkens und Philosophierens. Dialektik) Nach dialektischem Denken greife der Atheist, um für sich selbst und für andere als tüchtig zu gelten und um in Verzauberung für unerfülltes Gutes sich festzubeißen.

(178)

In Verzauberung der Gegensätze lebe der Atheist. Doch seien Worte nur das Stammeln vor der Allgewalt eines in Strahlen glänzenden Gottes. Seine Worte seien kümmerliches Mittel, Intelligenz gegen Klugheit auszuspielen. Soziales Verhalten mahne der gotterfüllte Mensch an. Es führt zu keinen neuen Erkenntnissen, wohl aber zu Gott.

(179)

Das Göttliche herrscht soweit es will. Es genügt allem.

(180)

Für Francesca aus dem Stadtteil Cannaregio in Venedig, Italien. Vernunft zeigt sich erkenntlich, aber nicht wissend. Trau´ dem Blumenmädchen und nicht der Dame. *Fidati délla fioraia, non délla signora.*

Kapitel 28

(181)

Rodolfo Diritto:

(182)

Flitter

Halt` dich an mich, lustvoll einverleibe!

Freue dich an allem, was es gibt!

Würdevoll in Gangart! Außenschein betreibe!
Wie es der Brauch hier. Innen, wie`s beliebt.
(183)
Trau` dem Blumenmädchen und nicht der Dame.
Gemeinhin abgestumpft, ist sie so kalt wie schön.
Von sich selbst erfüllt nimmt sie dich in die Arme,
scheinbar außer sich, mit hinkendem Gestöhn.
Kapitel 29
(184)
Herr Heribert Wortkünstler:
(185)
Meine Gattin ist eine Dame mit `Wind im Hintern´. Allen Wörterhändlern (Venditores verborum) ist sie ein Strich durch die Rechnung. Das Wort wird meiner Gattin immer zweifelhaft und gefügig erscheinen, sowohl bevor es ausgesprochen ist als auch nachdem es gesagt ist.
(186)
Wer war der Erste/die Erste, der/die einem Ding einen Namen gab? Nur dieser/diese könnte die Auflösung der in seinem/ihrem Namen enthal-

tenen Welt und Genese gemäß Notwendigkeit erwirken.

(187)

Trotz aller Erfahrungen mit der Sprache: Was Wörter angeht, sind wir wie Unerfahrene, unerfahren für das einzelne Wort und dessen Wesen, unerfahren für Erklärungen, wie sich jedes Wort in wechselnden Umständen und Zuständen verändert. Dem einen bleibt verborgen, wie der andere das Wort im Schlaf benutzt und wie im Wachzustand. Deshalb versteht und wechselt man Wörter nur über die gemeinsame Vernunft.

(188)

Da der Mensch dem Wort auferlegt hat, beweglich zu sein, ist alles nur Namensgebung, was da gesagt wird, vorgebend, der Name sei wahr. Dabei befindet sich der Name im Entstehen und Vergehen, im Wechsel des Ortes und der Zeit und im Wandel des Aussehens.

(189)

Vernunft zeigt sich erkenntlich und nicht wissend.

(190)

Jeder Mensch betreibt laut meiner Gattin Tauschhandel mit Wörtern – wie nach ihrer Auffassung die keltische Gottheit Brighid, a) die Natur betrachtende Gottheit Brighid, b) die aufgeregte und ergriffene Gottheit Brighid, c) die strahlende Gottheit Brighid, deren Machtfülle und Zauberkraft im Zustand der Verwirrung Dichter sowie Handwerker und Musiker fördert, Kranke heilt und beschützt, Gebärenden hilft, Kinder auf die Welt zu bringen und Kriegshandwerker ermächtigt, Menschen zu töten.

(191)

Die göttliche Brighid spielt mit den Elementen Feuer und Wasser, Himmel und Erde. Bei dem Versuch, die Elemente zu harmonisieren, verwandelt sie diese in ein nicht zu beherrschendes Chaos.

(192)

Für Jacques aus Saint-Dizier-La-Tour, Frankreich. Die einzig vernünftige Person? *La seule personne sensée?*

Kapitel 30

(193)

Frau Eva Wortkünstlerin:

(194)

Ich verurteile die Gelehrte, Frau Elvira Nörgel, nicht. Sie ist nach meiner Meinung die einzige Vernünftige im kleinen Kreis. Sie will nicht und eigentlich doch für ihre Worte gehört werden. In sinnfällige Ströme steigt sie – oder steigt sie nicht. Wenn sie mich nicht hören will, dann halte sie sich wenigstens an die Vernunft. Es ist vernünftig, mit mir übereinzustimmen. Es ist vernünftig, den Sinn zu verstehen, der alles durch alles hindurch steuert.

(195)

Nährt doch die Vernunft alle menschlichen Gesetze. Wenn man mit Vernunft reden will, muss man sich auf ein Gemeinsames stützen. Doch die Natur der Dinge liebt es, sich zu verbergen.

(196)

Einerseits vereint sich alles durch Liebe zu einem. Andererseits trennt sich das Vereinte durch Streit. Insofern man nur eines von beiden zu beherrschen gelernt hat, wird ein dieser Art beschriebener Zustand zum anderen und umgekehrt.

(197)

Menschen kommen überein, zwei Zustände mit Namen zu benennen: Tag und Nacht, alles verzehrendes Licht und das Dunkel, dicht und schwer in Gestalt. Als Tag und Nacht benannt waren, erschufen die Menschen die unsichtbare Nacht, die dem sichtbaren Tag und der sichtbaren Nacht gleichermaßen mächtig ist: Erdrückende Armut, Angst, Gewalt, Terror und Tod.

(198)

Für Husein im Palästinensischen Autonomie-Gebiet. Kleinstmögliches Maß. *Mitqala sarratin* (Aus dem Koran).

Kapitel 31

(199)

Frau Theresa Aller-Mütter-Mutter:

(200)

Ich werde scherzhaft auch `Schoß mystischer Vereinigung des Menschen mit Gott´ geheißen. Ich bin Trägerin des Ordens `Grenzpfahl der Tugend und Trauer´. Ich gelte für meine Schwestern als Kraft in den Gliedern aller Menschen, weil ich wilde Liebesgedanken aufwirble und diese zusammen mit Gedanken der Eintracht belebe, vollende und zur Wonne führe.

(201)

Aller Menschen Schicksale nehmen einen unrühmlichen Verlauf. Das ist meine Überzeugung. Alle Elemente und Kräfte (Beispiele: Lebewesen, Wohnstätten, Farben, Frucht tragende Äcker, Mond und Sonne, die Gestirne, das Feuchte und das Trockene, das Heiße und das Kalte, das Helle und das Dunkle) sind gleich stark, doch hat jedes Element eine andere Zuständigkeit und eine besondere Aufgabe.

(202)

Abwechselnd gewinnt im Laufe der Zeit das eine und das andere Element die Oberhand. Einstmals waren alle Elemente (Grundbestandteile) in Menge und Maß beisammen gewesen. Dann sind die Elemente auseinandergestoben. Aus welchem Grund auch immer. Man muss wohl annehmen, dass Menschen und Sachen dahin streben, sich wieder zu vereinen.

(203)

Was sich danach wieder fügt bzw. vereint, sind die als Beispiele aufgeführten Elemente Lebewesen, Wohnstätten, Farben, Frucht tragende Äcker, Mond und Sonne, die Gestirne, das Feuchte und das Trockene, das Heiße und das Kalte, das Helle und das Dunkle. Somit hat an allem nur eines teil. Es bleibt die Gewissheit des einzig richtigen Weges. An diesem stehen viele Leuchttürme. Der richtige Weg ist nicht das Vergangene, nicht das Zukünftige. Der richtige Weg ist jetzt, gerade geboren und verderblich und einzigartig.

(204)

Das `Jetzt´ ist nicht teilbar. Es ist nicht mehr oder weniger. Das `Jetzt´ ist Fülle. Da es das Äußerste bleibt, ist es überall vollendet, denn es kann nicht da oder dort schwächer sein. So vernehme die Kunde, welcher Weg des Suchens und Fragens alleine denkbar ist: Nur im `Jetzt´ kannst du Vergangenes und Zukünftiges erkennen und begreifen, da nicht sein kann, dass Überzeugung zur Wahrheit gehört.

(205)

Für Signore Pietro Mandorla, Venedig, Italien. Niemand kann auf Dauer eine Maske tragen. *Nemo enim potest personam diu ferre.*

Kapitel 32

(206)

Prof. Dr. Hans Denkmann:

(207)

Da ich mich ermutigt fühle, in das Schnabel-
fechten der unerschütterlich gottlosen Huma-
nisten einzuwirken, um die Versammlung nach
den geltenden Statuten zu eröffnen, beginne ich
mit den Worten: Ehrwürdige Brüder und
Schwestern. Was tut man nicht alles, um etwas
zu tun, das man eigentlich nicht tun will, jedoch
glaubt, tun zu müssen.

(208)

Wie soll Eifer beschaffen sein? Tätig sein durch
große Werke, das möchten viele. Aber leiden
um anderer Menschen Leid willen, das wollen
die Wenigsten.

(209)

Das Tun erkennen ist dasselbe wie tun. Ohne
das Tun, das der Erkenntnis Bestand gibt, wirst
du keine Erkenntnis finden. Denn nichts wird
anders sein, ohne das Tun. Alles Geschick ist
gebunden an das Tun, was jedes Nichtstun
miteinschließt. Vertrauend, dies sei wahr, sage

ich, erzwungen und erzwingend, überrascht mich besinnend, häufig irrend und nach Erfahrung prüfend und verkündend:

(210)

In der ordnenden Struktur des kleinen Kreises der unerschütterlich gottlosen Humanisten sollen folgende Grundsätze geübt und bewahrt werden: 1. Grundsatz der Gemeinschaft, 2. Grundsatz der Besonnenheit, 3. Grundsatz der Rücksichtnahme, 4. Grundsatz der Toleranz.

(211)

Der kleine Kreis unerschütterlich gottloser Humanisten gelobt mit einem zweimaligen `Arka, Arka!´ gemeinsam die generelle Bereitschaft für offene und tolerante Gespräche.

Kapitel 33

(212)

Herr Reinhard Sensibel:

(213)

Das offene Gespräch im kleinen Kreis ist zugänglich für acht Zustände und Sachen: 1. für Zugehörigkeit, 2. für hinreichend guten Dialog, 3. für Formen individueller Tüchtigkeit und Nachahmung, 4. für Arten des Könnens, 5. für

Herstellen von Wissen, 6. für Eigenart der Teilnehmer, 7. für Teilhabe des Gesichts und der Glieder, des Mundes, der Augen, der Nase, der Ohren, der Arme, der Hände und für deren Ausdrucksweisen, 8. für Erleiden von Unrecht.

(214)

Für Adrian aus den Pyrénées-Atlantiques in Frankreich. Vollbringen ohne Handeln

(215)

Kapitel 34

Frau Rita Warmherzig:

(216)

Mein Ehrgeiz ist es, diesen illustren, kleinen Kreis unerschütterlich gottloser Humanisten wohlgeordnet zusammen zu führen.

(217)

Deshalb richte ich meine zwei Augen auf meine Schwestern und Brüder in der Vereinigung. Ich suche die Aufmerksamkeit aller und ich sehe lächelnd in die Gesichter a) des Einen da, b) des Anderen dort, c) der Tapferen hier und dort. Freilich, vor allem schaue ich in die Gesichter der Gefügigen und Tugendsamen.

(218)

Kopfnickend schaue ich in die Runde der etwas anderen als anderen Anwesenden. Mit Erkennen der regelmäßig Anwesenden sehe ich die Gesichter der unnahbaren Anderen. Wenn regelmäßig Anwesende und beständig Abwesende in ihrer Gestalt die Mischung von Freude und Vergnügen, aber auch von Leid und Zerknirschung bilden, werden alle Humanisten den notwendigen Zusammenhalt herbeiführen. Wenn nur die Mischung bewahrt bleibt.

(219)

Diese einleitenden Worte entspringen nicht einer Laune. Sie sind keine Eigen-Ermunterung. Sie sind Ritual. Es bedarf laut Regelwerk bei jedem Treffen eines einleitenden, rhetorisch wirksamen oder einfühlsamen Satzes über das Tun.

(220)

Lasst uns wissen, welche Art des Tuns uns begeistert. Tun wird durch eine bestimmte Leistung definiert, von der es den besonderen Namen hat. Fromm sein ist zum Beispiel nicht gleichzusetzen mit gerecht sein. Du wirst Menschen finden, die fromm sind aber ungerecht,

ungebremst und ungebändigt, und solche, die in hohem Maß gebildet, aber unverständig sind, und solche, die dreist tapfer sind. Sie unter einen Hut zu bringen ist beglückend, um diese vom Grunde her unfriedliche Partnerschaft der sich in Szene setzenden Habichte, Gockeln und Wachteln zu erneuern.
(221)

Das von mir für mich gewollte Chaos im Seienden und meine widersprüchliche Lebensführung, ist mir ein hohes Gut, ein sich ständig verändernder Zustand von Werten und Möglichkeiten, zugleich Auftrag und Programm und deshalb voller Unruhe und selbstzweiflerischer Haltung.
(222)

Und überhaupt ist in allen Dingen der Unkundige dreister als der Kundige.
(223)

Sind die Dreisten tapfer? Wenn ja. Ist dann Tapferkeit erwünscht? Wo bleibt die Tapferkeit der Bescheidenen? Hat Tüchtigkeit mit Gutsein zu tun? Ist Tüchtigkeit Idee des Guten?
(224)

Das Ritual, das mir immer wieder neue Formulierungen abverlangt, verleitet mich gelegentlich zu Wortschwelgereien.

(225)

Für Madame Ariane, Paris, Frankreich. Liebe ist Schönheit. *L´amour est Beauté.*

Kapitel 35

(226)

Rodolfo Diritto:

(227)

Der Morgen, ausgelöscht

(228)

Es ist
die letzte Viertelstunde.
Du liegst, ins Licht der Kerze
`Venuskörper´ eingebettet.
Du ziehst mit aufgestülptem Munde
aus meinem Kopf die Schwärze,
Trauer, durch die Nacht gerettet.

(229)

Es ist
der weiche Frühlingsregen.
Er schlägt harmonisch an die Scheiben
den Takt zu meinen müden Händen,

die sanft umschließend deine Brust bewegen.
Er übertönt das Aneinander-Reiben.
Er rafft die Schatten in den Zeitabständen.
(230)
Es ist
der Tag. Er schluckt das Kerzenlicht.
`Nimm Abschied´, flüstert mir die Wand.
Stumpfen Herzens weiche ich von deinem Schoß.
Vom Morgen grau ist dein Gesicht.
Deine Fingerkuppen suchen meine Hand.
Deine Augen blicken starr und groß.

Kapitel 36

(231)

Prof. Dr. Hans Denkmann:

(232)

Ich, Ideal eines Humanisten, hätte gerne alles menschliche Tun der ehrbezeugenden Demut und Liebe unterstellt. Ist doch die Liebe eine andere Art von Schönheit, eine besondere Grundform des Schönen für das Gute. Ihre Grundlage ist die Idee, von der ein bestimmtes Seiendes zu individueller Größe aufsteigt, ge-nannt der/die Liebende. Die Liebe erfahren zu dürfen bedeutet, in Erfahrungsebenen des Schönen emporzusteigen.

(233)

Wo hat Demut ihren Ursprung? Aus was soll sie gewachsen sein? Aus der Liebe? Demut kann ich weder nur sagen, noch nur denken. Demut ist unsagbar und undenkbar - ohne Tun. Man kann einen anderen Menschen nicht zur Demut zwingen. Demut kann nicht freigegeben werden, wie ein Gedanke oder ein Privileg. Demut ist nicht mehr oder weniger an Haltung.

(234)

Vom Bier-Rülpser eines geliebten Mitbruders aufgeschreckt, erinnere ich mich an meine momentane Aufgabe, im kleinen Kreis die Ordnungsregeln erkennen zu lassen und vielschichtige, heftige, widersprüchliche Auseinandersetzungen in die Wege zu leiten, a) für das Denken, b) für das Meinen, c) für das Erkennen, d) für das Wahrnehmen, e) für das Empfinden.

(235)

Meinst du, sie wollen es wissen? Das frage ich mich zweifelnd. Ich tröste mich: *Eben noch*

Sandelholz, sanft und weich, geh´ ich mit kühler Schulter, grüner Jaspis.

(236)

Für einen begnadeten Koch, Paul aus Paris, Frankreich. Vernunft und Rhetorik. *Raison et rhetorique.*

Kapitel 37

(237)

Herr Peter Großzügig:

(238)

Mich ermahnend, nicht in die Fußstapfen aller Hochmütigen zu treten, richte ich meine Gedanken auf meine Gestaltungsmöglichkeiten sowie auf mein Konzept rhetorischer Vernunft und der Einfühlung, welche von mir gefordert wird.

(239)

Einfühlung veranlasst mich folgendes zu berücksichtigen: 1. Sachliches und begriffliches Denken, 2. Das kognitive Vermögen der Ableitung von Gedachtem in treffende und richtige Worte, 3. Das geistige und emotionale Vermögen der Reflexion und Ableitung auf die Richtigkeit von Gedachtem und Ausgesprochenem, 4. Das Suchen nach Formen der Einfachheit von etwas für jemanden, 5. Das Offenlegen und die Verbreitung des zu Sagenden in Worten nach Regeln der Würde des Menschen.

(240)

Zu euch, Brüder und Schwestern, spreche ich wie folgt: Wir sind alle nur Menschen und wir dürfen froh sein, wenn es uns gelingt, einander zuzuhören oder zumindest anzuhören.

(241)

Das ist sie, die Welt, in der wir leben. Man fällt eben nur auf, wenn man etwas tut, das andere nicht tun. Man lenkt die Aufmerksamkeit auf sich, bringt andere in Zugzwang und weckt deren Neid. Demut? Ist es nicht vielmehr so, dass, wer sich selbst zum Maßstab aller Dinge und des Handelns macht und diesen Maßstab anderen um die Ohren haut, im Grunde sich faschistoid verhält? Erwachsen aus diesem Verständnis nicht Skrupellosigkeit, Heuchelei, Arroganz, Besserwisserei und Willkür?

(242)

Für Ima Agustoni, Venedig, Italien. Glanz des Zweifels. *Splendore di dubbio.*

Kapitel 38

(243)

Prof. Dr. Hans Denkmann:

(244)

Wovon ich euch, Schwestern und Brüder, nie erzählte: Von meiner Lust am Zweifeln. Zweifeln bedeutet für mich nicht `Fahrplan in die Hölle´. Ich unterscheide für mich drei Arten von Zweifeln: 1. Der einfältige Zweifel, 2. Der zweifältige Zweifel, 3. Der dreifältige Zweifel.

(245)

Der einfältige Zweifel ist derjenige, der sichtbar macht, dass Gesprochenes und Gehörtes oder Denkbares und Sichtbares sich ungleich zueinander verhalten (z.B. nicht schlüssig sind).

(246)

Der zweifältige Zweifel ist derjenige, der sich als Folge des Gefallens, des Begehrens oder Erstrebens offenbart. Man denke z. B. an das Streben nach Glück, nach Gütern oder Reichtum.

(247)

Der dreifältige Zweifel liegt in der Welt der sinnlichen Wahrnehmung sowie in den Befindlichkeiten an und für sich, in der Anschauung des Seienden, des Werdenden und des Vergehen-

den, des Handelns in der Welt und des Strebens nach Verähnlichung mit dem vollkommenen Menschen oder dem Streben nach Verähnlichung mit Gott.

(248)

Was ist der Sinn des Lebens? Zweifel und Selbstzweifel sind Privileg des Menschen und führen ihn in tragende Aufwinde und in stille Wasser und konkret in das Land der Unverzagten und Hoffenden, an die Orte derjenigen, die sich gegenseitig ermutigen, immer wieder zu tun, was eigentlich nicht geht.

(249)

Ich stelle mir die Frage nach dem Wert des Menschen. Indem der Mensch sich in einem Gemeinwesen sichtbar macht, wird er zur Person. Person ist zwar kostbar und zerbrechlich, jedoch definierbar und erkennbar in die irdische Welt gesetzt.

(250)

Der Mensch lebt in zwei Welten. Zum einen lebt er in einer Welt der Versorgung und des Strebens nach Lebensfähigkeit, in einer feindlichen, irdischen Welt. Zum anderen lebt er in der Welt des willkürlichen, nicht systematischen Denkens und der Mystik, in einer allem Zufälligen überstellten Welt.

(251)

Der Mensch strebt nach Vergöttlichung der Welt. Ich behaupte, die Vergöttlichung der Welt führt zur Entmenschlichung des Menschen. Der an Gott glaubt, meint einer höheren Macht, einer entschieden planenden, anordnenden, homogenen Autorität überlassen zu sein, mit dem Nutzen religiöser Anpassung, moralischer Lehrsätze und dem Anspruch auf ein Netz, das vor dem freien Fall ins absolute Nichts schützen soll.

(252)

Der nicht an Gott glaubt, bleibt sich selbst und seinesgleichen überlassen. Mag sein, dass er weniger naiv, weniger stabil, weniger robust und weniger widerstandsfähig ist.

(253)

Für Bauer Calvus aus Bayern, Deutschland. Ritter Christi. *Miles christianus.*

Kapitel 39

(254)

Herr Sebius Tadellos:

(255)

Ich, Sebius Tadellos aus dem kleinen Kreis un-
erschütterlich gottloser Humanisten, melde
mich hiermit zu Wort.

(256)

Wegen meines steifen Halses ist es mir nicht
gegönnt, einen Blick in die Runde meiner Freun-
de, der Humanisten zu werfen, bevor ich mit
meinen Ausführungen beginne.

(257)

Freie Brüder und Schwestern. Es ist unsere
Pflicht und eines unserer Postulate, immer ein
wenig mehr zu tun, als man tun muss.

(258)

Ich will an Petrarca erinnern. Petrarca, der
Abgott seiner Zeit, nahm dieses Postulat in-
sofern ernst, als er schon zu Lebzeiten für seinen
eigenen Ruhm und Nachruhm sorgte. Petrarca
war ruhmessüchtig und nach Lorbeer gierig. Er
hat den Ruhm gesucht und zu seinem Lebens-
inhalt gemacht, indem er immer etwas mehr
hinzutat, als er hätte tun müssen. Er stilisierte
seine Lebensgeschichte und machte so aus die-
ser eine Ruhmesgeschichte.

Kapitel 40

(259)

Frau Elvira Nörgel:

(260)

Ich pflichte dem energisch bei. Aus diesem Grunde, da wir uns einer großen Aufgabe verpflichtet sehen, versammeln wir uns bescheiden hier und heute und generell in unserem offenen, kleinen Kreis unerschütterlich gottloser Humanisten.

(261)

Der Bürgermeister von Fentjedina, die Politiker und Kirchenvertreter und die Damen und Herren Beamte werden Gift und Galle spucken, wenn sie von unseren erhabenen Zielen erfahren, über diese geliebte Kleinstadt und die Menschheit den Mantel der säkularen Erneuerung sowie des aufgeklärten Geistes zu hängen, indem wir allen die Stirn bieten.

Kapitel 41

(262)

Frau Marga Zitrone:

(263)

Was heute vom Kreis der Anwesenden zu beschließen wäre! Noch haben wir gar nichts bewegt. Wie so oft haben wir Pläne getüftelt, Projekte konzipiert, uns mit beschwörenden Worten gegenseitig ermuntert, Bleibendes zu schaffen.

(264)

Wie immer wird alles enden wie jener damals misslungene Versuch der geplagten Ureinwohner des von Malaria verseuchten Sumpfgebietes im Po-Delta bei Commarecchio, die Sümpfe trocken zu legen. Ein besseres Beispiel zu den Blamagen fällt mir, der leidenschaftlichen Historikerin für das Mittelalter, gerade nicht ein.

Kapitel 42

(265)

Frau Trude Tadellos:

(266)

Wir stehen vor einer geistigen Erneuerung, deren Grundpfeiler und deren geschichtliches Erbe allen Bemühungen unserer Feinde zum Trotz bis an das Ende aller Tage den Einfluss der unerschütterlich gottlosen Humanisten in aller Welt verbreiten und festigen hilft.

Kapitel 43

(267)

Herr Heiner Erdmann:

(268)

Rückblickend auf eine vergangene Zeit möchte ich erinnern: Wir sind keinesfalls ein geistiges Bollwerk gegen alle die Menschen, sich als rein und keusch verstehen, die von tiefer Feindschaft gegen das Fleisch, gegen den Leib des Menschen und gegen den Verzehr von Tieren votierten, bzw. die den Genuss von Fleisch, Fisch, Eiern, Käse verurteilten.

Kapitel 44

269)

Frau Lara Unduldsam:

(270)

Wir sind gegen die Einbildung, der Mensch und die Welt seien Werke des Teufels. Wir sind nicht für die Auffassung, nur durch den Verzicht der Kinderzeugung könne die Welt zu Gott zurück-geführt werden? Wir sind gegen alle jene, die den Dualismus predigen und behaupten, es gäbe zwei gleichwertige Götter, zwei Disziplinen, Gott-Gott und Gott-Teufel, Gott-Gut und Gott-Böse mit Sitz im Himmel und Sitz in der Hölle.

(271)

Wir sind gegen die Auffassung, den Menschen verfügbar seien nur Götter, die gleich stark und gleichberechtigt die Welt regierten und verwalteten.

Kapitel 45

(272)

Frau Dorothea Einfühlsam:

(273)

Liebe Freunde, was sagt ihr dazu! Es wird behauptet, der Mensch sei ein Werk des Teufels? Wenn das so sei, dann könne durch den Verzicht der Nachkommen-Zeugung der Mensch zu Gott zurückgeführt werden? Die Zwei-Götter-Lehre (der Dualismus) möchte uns einreden, dass im Ergebnis zwei Disziplinen, Gott und Teufel, gleichberechtigt die Welt regieren. Diese sollen die Freiheit des Menschen garantieren?

Kapitel 46

(274)

Herr Peter Puppe:

(275)

Ich bin gegen die Verflechtung von Kirche und Staat, gegen die Beanspruchung der beiden Gewalten `Sacerdotium´ und `Imperium´ in kirchlicher Hand. Ich bin für die Vollendung der Säkularisierung. Ich bin gegen selbst gewählte Armut. Ich bin für Glück und Wohlstand aller Menschen. Das sei im Blick auf die Historie gesagt.

Kapitel 47

(276)

Frau Lidia Missfallen:

(277)

Die päpstliche Theokratie kämpft gegen die weltliche und staatliche Macht und die weltliche und staatliche Macht, sie kämpft gegen die kirchliche. Wofür das alles?

(278)

Wer beansprucht die Gewalten `Sacedotium´ und `Imperium´ jeweils für sich? Soll staatliche Macht auf Kontroll- und Polizeifunktion im Dienst der Kirchen beschränkt sein? Der Staat ist der Arm der Kirche? Das frage ich mich.

Kapitel 48

(279)

Prof. Dr. Hans Denkmann:

(280)

Mir sprichst du aus der Seele. Im äußersten Fall stehe ich für eine neue Theologie anstelle bewundernswerten Geschwätzes und der Verachtung der Intelligenz und der Vernunft. Ich stehe für eine Theologie des Zweifels, des Diskurses, des Widerspruchs, der Logik.

Kapitel 49

(281)

Frau Marga Zitrone:

(282)

Wir werden Forschung und Lehre sowie Theologie und Wissenschaft vereinen.

(283)

Frau Eva Wortkünstler:

(284)

Wir sind Frauen bzw. Damen mit Wind im Hintern. Wir werden den Wörterhändlern (Sie sprechen mehr beredt als wahr!) das Handwerk legen und den herkömmlichen Lebensgewohnheiten die Lebensauffassungen der unerschütterlich gottlosen Humanisten entgegensetzen.

(285)
II. Ene mene muh und raus bist du!

(286)
Für Cònte Palotti im Dorf Fröhlichkeit (*Vilaggio della felicità*), Italien.

Kapitel 1
(287)
Herr Hagen Zitrone:
(288)
Wir werden für die Kindergärten den Schubkarren erfinden.

Kapitel 2
(289)
Caspar Nörgel, politischer Gelehrter und Ehrenmann:
(290)
Den haben die Mauren vor langer Zeit in Spanien für ihre Baustellen bereits erfunden und sich zu Nutzen gemacht.

Kapitel 3
(291)
Frau Lara Duldsam:
(292)
Und auch die Steinmetze bei den Baustellen in Frankreich - samt Flaschenzug und hydraulischer Säge.

(293)

(Anmerkung: Frau Lara Duldsams Vorfahren haben während einer Frankreichreise die Bauhütten in Chartres, Lyon und Raines besucht und die Bauarbeiter mit diesen Dingen wie Schubkarren, Flaschenzug und Hydraulischer Säge hantieren gesehen.)

Kapitel 4

(294)

Frau Theresia Aller-Mütter-Mutter und Schoß der unio mystica, zögerlich und mit einem Lächeln auf den Lippen:

(295)

Die Familien und Kindergärten seien und waren die Ausgangslage aller Despoten, Diktatoren, Kleptokraten, Kommunisten, Plutokraten, Theokraten, Tyrannen sowie Demokraten und aller Bauernfänger, Mindestlohn-Empfänger, Leiharbeiter, Wanderarbeiter, Bauern, Dörfler, Städter und der von kirchlicher und staatlicher Unterdrückung verunstalteten Menschen. Allen sei Gelegenheit gegeben, ihre Zukunft im kleinen Kreis unerschütterlich gottloser Humanisten, zu entwickeln und zu überdenken.

Kapitel 5
(296)
Herr Sebius Tadellos:
(297)
Erkenntnis in Familie und Kindergarten? Ich denke zu dem oben Gesagten wie folgt: Unser Erkennen und Wissen ist gewachsen gemäß den Ansichten der Mütter und Väter und der Kindergärtnerinnen, berühmt durch die Wiedergabe des `Didascalicon´, des Werkes über den Aufbau des Wissens, welches als erstes Gebiet, a) `ars logica´ (Grammatik, Redekunst, Inhalts- und Formdarstellung, Dialektik, Rhetorik), als zweites Gebiet, b) `practica´ (Ethik, Ökonomie, Politik), als drittes Gebiet c) `teoretica´ (Theologie, Mathematik, Arithmetik, Geometrie, Astronomie, Musikwissenschaften), als viertes Gebiet, d) `mechanica sive adulterina´ (Kunst des Handwerks, Ackerbaus, der Medizin, der Schifffahrt) resümiert.
Kapitel 6
(298)
Frau Elvira Nörgel:
(299)

Wir stehen bei der Erziehung und Bildung bei Kindern und für unsere eigene Bildung nicht für Allmacht durch Glauben. Wenn vereinbart ist, dass Allmacht zu allem fähig ist, wird sie auch ohne uns in der Lage sein, mit Leichtigkeit zu verwirklichen, wozu irgendeine andere Macht nicht in der Lage ist. Aus diesem Grund ist zu schließen, dass nur eine Allmacht existieren kann, oder gar keine.

Kapitel 7

(300)

Herr Sebius Tadellos, an seine guten Beziehungen zu Kindergärtnerinnen und Kindergärtnern anknüpfend, ergänzt:

(301)

Beim Gebrauch der Vernunft werden Kinder und ebenso Erwachsene nach und nach begreifen lernen, was sie durch den Glauben bereits wissen.

Kapitel 8

(302)

Frau Marga Zitrone:

(303)

Dieser Aussage steht das Gleichnis von Sokrates entgegen, der seine Dialogpartner regelmäßig in die Ausweglosigkeit führte: Philosophie und Wissenschaft entspringen am produktivsten Punkt der Erkenntnis des eigenen Nichtwissens.

Kapitel 9

(304)

Prof. Dr. Hans Denkmann:

(305)

Unser Jahrhundert öffnet sich der säkularen Bewegung wie ein weites Scheunentor dem Einbringen der frischen Ernte. Das Düstere meidend, dem Verstand zugewandt, Gespräche suchend, möge der kleine Kreis unerschütterlich gottloser Humanisten den Menschen (und vor allem den Kindern) ein Paradies erwirken – unter gerechten Gesetzen und unter zivilisierter Herrschaft, mit fester Struktur, ein Paradies für friedvolle und großzügige Menschen, mit einer niemals versiegenden Quelle des Wissens, der Beobachtung und der Erfahrung - anstelle von Dogmen und einer verkürzten Wissenschaft, welcher jeder Reiz fehlt.

(306)

Für Neckels aus Ostfriesland. Im Fahrwasser.
Kapitel 10
(307)
Frau Alina Warmherzig:
(304)
GLAUBEN scheint den Menschen förderlicher als ZWEIFELN. Gefördert wird ein Mensch, der glaubt und nicht, der zweifelt. Ein Mensch, der es nicht versteht, glaubend in der menschlichen Hierarchie Überzeugungszuwächse zu erheischen, der muss sich nach einem anderen Fahrwasser und nach anderen Menschen umsehen. Er wird keinen Deut weiterkommen und von Mal zu Mal schwächer werden.
Kapitel 11
(308)
Herr Karl Gotterfüllt:
(309)
Für Kinder möchte ich eine Warnung aussprechen. Ich bin einer jener treuhänderisch der Hagiographie (im Islam: Manaqib), der Beschreibung der Wunderwerke, der Wunder wirkenden Handlungen und vorzüglich gottgefälligen Taten und Eigenschaften von Heiligen und Gründern

religiöser Gemeinschaften zugetaner Verfechter des Unwesens der theologisch fixierten Verhaltenslehre und Psychoanalyse.

(310)

Ich bin einer der vielen Nutznießer der kirchlich gepeinigten Überanpassungskünstler, die eine nicht säkularisierte Gesellschaft zuwege bringen.

(311)

Ich ziehe gerne die Hagiographie zu Rate. Hagiographie ist der Versuch, Nachahmenswertes zu überliefern (*sina ira et studio*) und zu kopieren. Der Hagiograph soll nur das Nachahmenswerte überliefern, der Historiker soll alles überliefern (*melius est enim tacere quam falsa proferre*), Irrtum sei entschuldbar, Fälschung nicht.

Kapitel 12

(312)

Herr Herbert Wortkünstler:

(313)

Der Berufstand der theologisch verramschten Seelenklempner lässt sich bezahlen, was Gesellschaft und Kirche vermasseln. Es ist schon erstaunlich, wie viele Menschen zu Theologen,

Psychologen, Psychotherapeuten und Psycho-
analytikern pilgern oder in deren Betreuung
gezwungen sind, obwohl diese nicht viel mehr
zu bieten haben als bezahlte Zeit und kultivierte
Sprachlosigkeit.

(314)

Imitatio Christi? Du, Mensch, oh homo intelli-
gibilis, gegen die Regeln des Zwiegespräches
dürfen nur die Einfältigen verstoßen. Diesen
sind die Heiligen wohl gesonnen.

(315)

Die Heiligen durchleben Qualen beim Anblick
der kümmerlich kommunizierenden Intellek-
tuellen.

(316)

Sind den Heiligen Kummer und Sorgen nicht zu-
gänglich?

Kapitel 13

(317)

Frau Eva Wortkünstlerin:

(318)

Ein äußerst zuverlässiges Mittel gegen Schwatz-
haftigkeit für solche, die den Stand der Heilig-
keit erreichen wollen: Man esse nachts Radies-

chen und am Tag darauf kann einem das Geschwätz der die Heiligkeit erstrebenden Mitmenschen nichts mehr anhaben (Autor: Payne). Ein Benediktiner-Mönch empfiehlt: Man möge viel Salat essen. Er helfe gegen fast jede Art von mündlicher, körperlicher und seelischer Versuchung.

(319)

Für Monsignore Benedetto Ferraio, Neapel, Italien. Hilfe und Rat *Auxilium et consilium*.

Kapitel 14

(320)

Prof. Dr. Hans Denkmann trägt vor:

(321)

Die Entwicklung der Wissenschaften wurde in allen Zeiten begleitet von einem Werden und Sich-Verflüchtigen modischer Erscheinungen sowie der Psychomachi (*bellum intestinum*).

(322)

Psychomachie heißt ursprünglich: 1. Begleitet im Kampf gegen Sünde, indem die Tugenden der Reinheit zu Hilfe gerufen und beschworen wurden, 2. Begleitet vom Streit zwischen den grossen Mächten Laster und Tugend, 3. Begleitet

vom Kampf gegen das vom Antichristen ge-
führte Heer der Lasterhaften, 4. Begleitet zu Rat
und Hilfe (auxilium, consilium), was für den
Menschen gut und was nicht gut sei.

(323)

Diese lehrenden Meinungen wurden von ver-
meintlich Berufenen und rufenden Menschen
immer als zwingende Lebens- und Verhaltensre-
geln aufgeführt, teils mit, teils ohne körperliche
Gewalt, jedoch immer gegen vermeintliche oder
tatsächliche sittliche Mängel in Grenzen einer
machtbesessenen, moralischen Welt.

Kapitel 15

(324)

Herr Heiner Erdmann:

(325)

Die Verhaltensregeln erfindenden Wissenschaf-
ten verunsichern? Sie haben ihr Problem darin,
dass sie wie besessen nach einer endgültigen
Ordnung und unverbrüchlichen, immerwähren-
den, sich immer und überall behauptenden Welt
Ausschau halten bzw. nach der absoluten Sinn-
haftigkeit, Schlüssigkeit und Widerspruchsfrei-

heit allen Denkens und Handelns (*constituo rem publicam*).

Kapitel 16

(326)

Frau Else Gotterfüllt:

(327)

Ich widerspreche energisch den Ausführungen meines Mitbruders, Heiner Erdmann, mit der mir gegebenen körperlichen Aufgeregtheit.

(328)

Was wir hier brauchen ist eine naturwissenschaftliche Theologie, eine, die nach innen gerichtet ist, die uns zu Eingeweihten theologischer Spekulationen macht und die dem Uneingeweihten zwar Maßstab ethischen und moralischen Handelns, aber nicht Eigentum ist. Hierbei muss gewissermaßen alles geheim bleiben, was rational nicht erklärt werden kann.

(329)

Anders vermerkt: Wir erklären für geheim und als unser alleiniges Geheimnis, was wir nicht wissen - oder nicht wissen können - und was uns nicht erklärt werden kann. Dabei ist mir bewusst, dass ein Geheimnis dasjenige ist, welches einem anderen Menschen nicht mitgeteilt werden darf, obwohl man es mit wenigen Worten durchaus sagen könnte. Unser Geheimnis ist, dass wir nicht wissen, was unser Geheimnis ist. Insofern ist unser Geheimwissen, welches wir nicht wissen, eine Geheimwaffe gegen alle, mit denen wir unser Geheimnis nicht teilen.

(330)

Meine freien Brüder und Schwestern: *Arca arcanum*, Geheimnis, bedeutet ursprünglich, jenes in den Kasten-Eingesperrte. So betrachtet ist jede Theologie eine Geheimwissenschaft. Sie stuft zwar ihr Nichtwissen für Uneingeweihte nicht für geheim, sondern für Glauben ein, strebt jedoch danach, jenes, im Menschen Eingesperrte, von dem sie nicht weiß, was es ist, zu befreien. Das ist ein lobenswertes und individuelles Erleben und mit Worten nicht erklärbar. Somit ist der Mensch ein Gefängnis, in das eingesperrt ist, was wir nicht wissen.

Kapitel 17

(331)

Prof. Dr. Hans Denkmann, einen tiefen Zug aus seiner Pfeife nehmend:

(332)

Ich bin derzeit der bedeutendste Vertreter des Universalismus, der das Ganze gegenüber dem Einzelnen als das Erste, das Ranghöhere ansieht.

(333)

Der einzelne Mensch als geistig-sittliches Wesen kann nach meiner bescheidenen Auffassung nur als Glied eines überindividuellen Ganzen gedacht werden. In diesem Überindividuellen ist jedoch die Eigenständigkeit der Person gefährdet.

(334)

Sind erfolgreiche Menschen die Vertreter Gottes auf Erden? Ist derjenige, der sich selbst verherrlicht und derjenige, der über unermesslichen Reichtum und fast unbegrenzte Möglichkeiten verfügt, ein Kind Gottes?

(335)

Als erklärter Freund der Menschheit bin ich versucht, den Ausführungen der freien Frau Else Gotterfüllt einen humanen Anstrich zu geben:

(336)

Wissen über Menschen kann sich jeder aneignen. Mitfühlen bei Menschen bleibt dem

Eingeweihten, dem, welcher Vertrauen genießt, dem, der das Elend im Tod und das Leid der Lebenden nachvollzieht, vorbehalten.

(337)

Kapitel 18

Frau Lidia Missfallen:

(338)

So gesehen kann Wissenschaft aus dem Menschen Geheimnisse herausholen, während die Theologie die Pflicht, ja, missionarische Aufgabe hat, in den Menschen etwas hinein zu zwingen und ihn hernach danach zu beurteilen und zu fördern, ob er das, was in ihm ist, begreift oder nicht begreift, oder anders ausgedrückt, ob er bewahrt, was wir nicht wissen.

Kapitel 19

(339)

Frau Else Gotterfüllt:

(340)

Es gibt keinen wissenschaftlichen Beweis, a) dass es für den Menschen gut sei, aus ihm etwas herauszupressen, b) beziehungsweise gut sei, etwas in ihn hineinzuzwingen, damit ein Gotterfüllter aus ihm wird. Es bedürfte vieler Tricks und vielleicht des Totschlags, um jemanden auf diese Weise zum vollkommen erblühten Menschen zu machen.

(341)

Kapitel 20

Herr Peter Großzügig:

(342)

Die Konsequenz wäre zu gewaltig. Den einzigen Hinweis auf Geheimnisse überhaupt gibt die reale Existenz des Menschen. Der Mensch selbst und nur der Mensch hat Geheimnisse.

(343)

Ohne den Menschen keine Geheimnisse. Etwas wird ein Geheimnis durch den Menschen.

(344)

Herr Nörgelmann, politischer Gelehrter und Ehrenmann, über Minuten der Anteilnahme Wut anhäufend, unterbricht die ihm lästigen Erörterungen:

(345)

Bekanntermaßen bin ich ein aufrichtiger Gottgläubiger, außerdem Widersacher aller Geheimnisverweigerer. Ich schließe den kleinen Kreis unerschütterlich gottloser Humanisten mit folgenden Worten: Die Rätselfrage, die sich stellt, ist ziemlich simpel (Ich meine, mir ist das egal. Ich will das nur gesagt haben!):

(346)

Wir hier, alle Anwesenden, können bestimmen, was richtig und was falsch ist, was als geheim und was als öffentlich einzustufen ist. Wenn jeder macht, was er will! Wo kommen wir da hin. Schließlich gibt es Regeln, Rechte und Pflichten.

Kapitel 21

(347)

Prof. Dr. Hans Denkmann:

(348)

Eine Aussage in strengem Gegensatz zu den Statuten der freien Brüder unerschütterlich gottloser Humanisten und damit ein Verstoß gegen folgende, verbindliche Vorgaben, welche sind:
1. Weder hier, noch dort zu sein (*Neurasthenie*),
2. Der zu sein, der man nicht ist (*Schizophrenie*).

Kapitel 22

(349)

Frau Isolde Erdmann:

(350)

Um dieses zu verstehen, müssen wir vom Ordnungsgedanken als Allheilmittel ausgehen.
(351)
Im Verständnis von Macht wird Ordnungsfindung hierarchisch betrieben und mit philosophischen Qualitätsmerkmalen ummantelt. Dieses geschieht, um Ordnung für den Menschen erträglich zu gestalten.
(352)
Abschließender Vortrag des Herrn Prof. Dr. Hans Denkmann.
Kapitel 23
(353)
Prof. Dr. Hans Denkmann:
(354)
Gott begeistert?
(355)
Die unsichtbaren Lebensaufgaben für einen Gotterfüllten bzw. für eine charismatisch-autoritäre Persönlichkeit sind ein hingebungsvolles Leben a) für Befreiungsdienste, b) für die Evangelisation, c) für geistige Kriegsführung.
(356)

Der Gottbegeisterte zeichnet sich wie folgt aus: 1. Er glaubt sich im Recht. 2. Er glaubt, Hüter von Werten und Möglichkeiten (Hüter der Ethik und Wächter der Moral) und allen sichtbaren und unsichtbaren Lebens zu sein. 3. Er glaubt sich in Vertretung für das Wahre und Gute. 4. Er glaubt sich auf dem rechten Weg. 5. Er glaubt sich verständnisvoll und gütig, da er kraft seines Amtes Verfehlungen seiner Anhänger und anderer Menschen vergibt und Irrungen benennt und verurteilt. 6. Er regelt seine Nachfolge und wer zurückbleiben muss. 7. Er wähnt sich im Besitz der alleine gültigen Wahrheit.

(357)

Meine Freunde: Unser Wissen und das Gute kann uns niemand stehlen. Alles das, was andere Menschen an Gutem sagen und tun können, ist von mir gesagt und getan. Alles ist verloren, weil es einem undankbaren Sinn anvertraut ist. Weshalb solltet ihr euch also weiter martern? (Siehe: Giordano Bruno, geboren 1548, ermordet auf dem Scheiterhaufen am Campo di Fiori in Rom, von der kirchlichen

Inquisition der Ketzerei beschuldigt, lässt grüssen. Ich schrie! Ich schreie! Ich werde schreien!)
(358)
Kapitel 24
(359)
Rodolfo Diritto:
(360)
Im Schatten der Kastanienbäume
habe ich das Gefühl
für die Zeit verloren.
Die Dörfer liegen
zwischen gestern
und morgen.
Ich stehe
in einem verzauberten Garten.
Blumen zum Streicheln.
Bäume zum Atmen.
Wasser zum Glücklichsein.
Und immer ein leichter Wind,
der alle Geschichten des Lebens
erzählt.
Ich suche den Fortgang
der Tageszeiten
und Farben des Lichtes.

Die Zeit?
Der Schritt des Esels
bei den fünf Eichen.
Der Tod des Kirschenpflückers
in der Mittagshitze.
Der Schuss in den Obstgärten.

Der Autor

Rolf Dieter Kaufmann, Jahrgang 1942, arbeitete als Lehrender 29 Jahre an einer deutschen und 6 Jahre an einer italienischen Universität. Er studierte Kunstgeschichte, Malerei und Grafik in Rom, Politikwissenschaften in München, Pädagogik, Philosophie, Soziologie, Indologie und Sinologie in Freiburg.

Private und berufliche Gründe führten ihn nach Asien, Vorderasien, Afrika, in arabische Länder und nach Süd- und Mittelamerika.

Zeitfracht Medien GmbH
Ferdinand-Jühlke-Straße 7
99095 Erfurt, Deutschland
produktsicherheit@kolibri360.de